LE ROI SAUVEUR

EST

AUX PORTES DE LA FRANCE

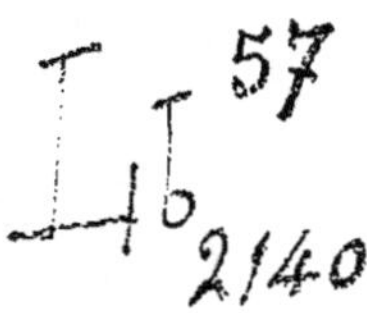

LE ROI SAUVEUR

EST

AUX PORTES DE LA FRANCE

PAR

LA COMTESSE PIA DE SAINT-HENRI

———————

MARSEILLE

M^{us} LEBON, LIBRAIRE

RUE PARADIS, 43

—

1871

I

L'HEURE EST A DIEU

L'homme n'est pas le maître de sa voie.

Il y a dans l'existence humaine des péripéties douloureuses où le cœur lacéré par les serres aiguës de la souffrance essaie en vain de lutter contre les maux qui l'accablent. Souvent c'est une disgrâce personnelle qui nous abat et nous décourage, il suffit alors d'un mot consolateur tombé de la bouche d'un ami pour relever les forces de notre âme ; mais, quand nos angoisses résultent d'un malheur de tout un peuple, quand nos larmes amères déplorent la situation cruelle de la patrie, qui oserait vouloir calmer notre agitation ?

Le moment arrive où toute espérance à un avenir heureux nous abandonne, et notre imagination fatiguée par les scènes déchirantes que chaque jour renouvelle et agrave, nous montre déjà l'heure fatale où tout sera perdu sans retour. Le désespoir succède à l'abattement; nous commençons à douter des hommes et de Dieu.

L'esprit résiste difficilement à cette crise déplorable, le héros chrétien seul ne fléchit point sous le fardeau écrasant des calamités multiples. Il s'élève au-dessus de la sphère étroite des conceptions, des calculs, des projets humains; son âme, dans un noble essort, vole jusqu'au trône de ce Dieu qui lui prête une force invincible. Il a mis son espérance dans l'être immuable qui commande aux éléments et préside aux destinées du monde.

Ne l'avons-nous pas entendu un de ces cris sublimes de conviction et de foi? *L'Heure est à Dieu!* s'est exclamé le fils de nos rois, et ces paroles émanées du cœur du plus grand des Français ont trouvé un écho sympathique dans la foule, émue mais non étonnée de la grandeur d'âme qui s'y révèle. Qu'elles viennent à propos relever notre courage affaibli!!!

Fut-il jamais pour notre cher et malheureux pays une crise plus désastreuse? Il y a un siècle à peine l'esprit révolutionnaire renversa l'ordre des choses sanctifiées par l'adhésion de tant de générations et d'années; il sapa les fondements de la monarchie, brisa son sceptre et donna à la branche des Bourbons un martyr dont la tête en tombant sur le billot fatal imprima à notre histoire un tache ineffaçable de honte et d'infamie.

Dieu le vit, et il marqua de son doigt divin une heure dans les jours futurs, heure terrible et sainte, où la foudre de sa vengeance écraserait les régicides.

Elle est venue, et le châtiment fut proportionné au crime. Le même couteau qui brisa l'existence de Louis XVI termina les jours des auteurs de sa mort. La victime mourut en héros ; ses assassins en lâches, emportant avec eux le mépris de leurs propres partisans et la malédiction de l'univers entier.

D'autres qui survécurent à la fureur de cette révolution, née de leurs pensées audacieuses et criminelles, traînèrent misérablement une vie dont ils souhaitaient chaque jour voir trancher le fil. Leur agonie fut longue ; ils restèrent là dans un coin de la terre, stigmatisés au front d'un sceau de malédiction ; le remords, la rage, la folie, le désespoir entourèrent le grabat où ils expiraient. En voyant ces visages livides où se peignaient les tortures anticipées de l'enfer, n'est-on pas forcé de reconnaître un Dieu vengeur ?

Mais là ne s'arrêtait pas l'œuvre sinistre de ces tigres altérés de sang humain, qui haïssent toute grandeur, toute noblesse, toute vertu. Après le trône, ils renversèrent les temples et rendirent à d'impures bacchantes un culte impie, sacrilége, dérisoire. A mort ceux qui sont fidèles à leur roi, à mort quiconque croit en Dieu ; détruisons les monuments, abolissons les lois, les coutumes ; qu'une ère nouvelle se lève sur la patrie, celle de la Terreur. Et les exécutions suivirent ce projet. Ces hommes du moment se donnèrent une triple tâche : ils voulaient anéantir la religion, l'Etat et la famille ; sans respect pour aucun droit, ne reconnaissant aucun lien, ils couvrirent leurs désordres, leurs vices, par le voile hypocrite de la *liberté*.

En vertu de la liberté, ils veulent arracher du cœur humain jusqu'à la dernière fibre de tout sentiment généreux et vrai ; en vertu de la liberté, ils laissent le choix entre l'échafaud ou une lâche apostasie !!! en vertu de la liberté, ils pillent, saccagent, assassinent, et vomissent sur toute la terre la confusion de leurs principes et de leurs axiomes dégradants.

Le peuple-roi s'était converti dans une hyène fauve, se repaissant de chair humaine. La France entière semblait un vil repaire, un antre sombre, le sang inondait son sol ; les gémissements mi-étouffés, le râle des victimes frappait l'air de ses sons lugubres.

L'heure de Dieu arriva ! Ces hommes ingrats et insensés, qui n'avaient pas voulu du régime d'un père, durent courber leur front devant le conquérant d'un jour et sentir sur leur cou la pression de sa main de fer. Les églises, fermées par leur folle effervescence, se rouvrirent, des parures plus magnifiques que celles qu'ils avaient détruites vinrent les orner, et, la rage dans le cœur, ils entendirent l'hymne solennel du triomphe du Seigneur.

Race insensée, avec leurs noms ils perpétuèrent ce mépris de toute puissance, le blasphème de la majesté. Comme eux, leurs descendants n'aiment que l'orage; ils appellent la tourmente et souffrent de la sérénité. Qu'y a-t-il de sacré à leurs yeux? Honneur, patrie, famille, rien ne les arrête quand il s'agit d'établir le règne de la licence.

En attendant les jours néfastes où ils peuvent sévir publiquement, ils minent en secret la société par leurs doctrines perverses. Ils dégradent l'homme, avilissent la femme, et ne respectent pas même l'innocence de l'enfant. Ils attaquent tout ce qu'il y a de saint et de pur, et répandent autour d'eux le poison immonde du reptile maudit; ils exaltent les esprits, pervertissent les cœurs et corrompent les mœurs.

Nous venons de les voir à l'œuvre.

Paris a été comme autrefois la scène principale de leur trame hideuse. De nouveaux martyrs sont montés vers les cieux; la flamme de l'incendie s'est attaquée à nos gloires nationales; la licence la plus effrénée a rendu cette capitale témoin de ses excès pitoyables. Les autels ont été renversés ; et au moment même où, grâce aux efforts courageux de notre vaillante armée, le calme paraît rétabli, des faits multipliés ne viennent-ils pas nous convaincre que le sol de notre patrie ressemble au volcan travaillé par une lave bouillonnante ?

La Révolution est étouffée mais non vaincue.

L'égoïsme et un froid intérêt retiennent bon nombre de personnes comme enchaînées à ses idées perverses et corruptrices ; le mal est trop invétéré pour qu'une main d'homme puisse extirper la gangrène hideuse du sein de notre nation.

Il faut *l'éclair de la miséricorde divine* pour dessiller les yeux, toucher les cœurs et briser les volontés rebelles. Et cette clarté bienfaisante luira : ce serait crime d'en douter. Les fédérés, sans le savoir, ont avancé le moment marqué pour cela dans les décrets éternels, car les héros qui sont tombés sous leurs coups ne sont-ce pas autant d'intercesseurs auprès de la clémence divine ?

De tout temps Dieu s'est choisi un peuple de prédilection : ce furent les Hébreux dans l'antique loi, ce sont les Français dans la nouvelle. Les premiers nous avons embrassé sa foi, nous avons protégé la fiancée du Christ et soutenu son vicaire quand des monarques légitimes nous gouvernaient ; il ne saurait nous abandonner, il ne le fera pas. Les jours cruels qui viennent de s'écouler, ce châtiment terrible d'une guerre désastreuse, ont servi à purifier notre patrie; les efforts des méchants réunis ne feront que hâter notre triomphe, car l'heure de la justice est à Dieu.

II

LA PAROLE EST A LA FRANCE

Vox populi vox Dei.

Depuis le moment solennel où Clovis, le fier Sicambre, ploya son genou devant le signe de la rédemption, la France n'a cessé de poursuivre une ascension rapide dans sa politique et sa civilisation. A travers les siècles, elle s'est frayé une route glorieuse remplissant le monde du bruit de ses exploits, du nom de ses héros. Tout ce qu'il y a de grand, de beau dans l'empire romain semble être devenu l'héritage de nos ancêtres. Le talent, l'art, le génie, chassés par la destruction des lieux qu'ils avaient embellis et immortalisés, sont venus se réfugier et revivre dans le royaume des lys. Dès le neuvième siècle, notre patrie décide des destinées de l'Europe. Règle, arbitre des autres États, elle exerce une influence magique; vient le moment où elle se regarde comme la maîtresse du vaste continent et dispose à son gré des trônes et des couronnes. Sa voix retentissante a toujours éveillé un écho dans l'univers tout entier; elle a donné l'impulsion de son génie à tous les événements et s'est constituée *un peuple de rois.*

Malheureusement elle ne fut pas toujours fidèle à cette mission sublime que la Providence semble lui avoir départie. L'organe qui avait poli et civilisé le monde, éclairé les nations et fortifié leurs croyances, se fit l'interprète des doctrines énervantes d'un sensualisme honteux et d'une philosophie dangereuse. Dès lors ses malheurs commencèrent, elle fut engloutie dans l'abîme d'une révolution sanglante qu'elle-même s'était préparée. Un maître étranger s'asseoit sur le trône de ses rois, il semble relever la France et la porter sur son char de victoire jusqu'à l'apogée de la grandeur. Hélas ! l'illusion fut courte; ses conquêtes s'évanouirent, il n'en resta que le souvenir, et le deuil presque général de tant de familles dont les fils avaient péri sur les champs de bataille écrasèrent le conquérant tombé qui laissa la France épuisée et malheureuse.

Une telle leçon aurait dû convaincre notre pays ; hélas !

elle fut insuffisante. La France continua à se montrer imbue d'idées pernicieuses, le désir d'une liberté voisine de la licence germa toujours dans certaines têtes exaltées. Le drapeau révolutionnaire se releva auprès de la croix abandonnée, les mœurs corrompues affaiblirent avec la force vitale de la multitude l'énergie de son courage. Aux notions du juste et du vrai on préféra des théories séduisantes et fausses, et notre siècle, si pompeusement nommé le siècle des lumières, répandit de jour en jour des ténèbres plus épaisses sur les intelligences obscurcies.

La religion, bannie des sphères élevées, chercha en vain un refuge dans les rangs inférieurs. La campagne imita la ville, et le laboureur croit aujourd'hui faire preuve d'éducation et d'esprit en professant une incrédulité révoltante. L'axiome infâme « Dieu n'est qu'un nom, » semble être la règle de conduite de la génération actuelle, qui rend un culte au froid égoïsme et se livre aux passions les plus dépravées.

Ah ! la France est tombée bien bas ; nous avons bu jusqu'au fond la coupe de l'ignominie, et qui sait quels châtiments nous attendent encore si un cri sincère de repentir ne désarme le ciel.

Dieu et l'humanité ont droit d'attendre de la France un acte solennel d'expiation, une parole énergique et sincère qui renie tant d'années d'un passé néfaste et répare une injustice criante. La prononcera-t-elle? Nous montrerons-nous descendants des victimes de 93 ou de leurs bourreaux? Réclamerons-nous le triomphe du *droit* ou l'abolition de l'ordre social?

L'hésitation est aussi impossible que le choix! L'exil n'existe plus pour le fils de nos rois; mais ce serait lui faire injure que de le confondre avec un Français ordinaire qui regagne le foyer domestique dès que son bannissement cesse.

M. le comte de Chambord ne saurait rentrer que dans le palais d'un souverain; sa première station devra être l'église, où il prendra sur l'autel les insignes de sa royauté, « c'est son droit; » tout nous contraint à reconnaître sa fidélité à le maintenir. Certes! jamais les vœux de ses partisans ne se sont manifestés si hautement qu'à l'époque actuelle; mais ils ne suffisent pas.

Le roi de France ne peut recevoir sa couronne d'un parti, il faut les acclamations de la nation toute entière, et c'est ce qu'attend le dernier rejeton d'une branche illustre. *Vox populi vox Dei.* Par la bouche du peuple, la volonté divine se dévoilera en paroles comme elle l'a fait en œuvres. Elle se réserve l'heure, c'est à la France de parler.

C'est là le seul, l'unique moyen par lequel il lui sera donné de reconquérir cette place que hier encore elle occupait parmi les Etats. Cette fois-ci, elle ne devra point son salut à une main étrangère qui la délivre pour l'opprimer et lui ôte des chaînes pour lui en redonner d'autres! Non, elle brisera elle-même le joug odieux que la haine de l'irréligion et de la révolte lui ont imposé. Les souverains n'auront plus besoin, comme en 1814, de mettre leurs armées au service de notre pays.

Le chemin du trône ne sera pas déblayé par des soldats d'un drapeau qui n'est pas le nôtre. Non, la France secouera elle-même le sommeil perfide qui l'obsède.

Le cri des martyrs de la liberté a retenti à son oreille; et ces accents, pronostics sûrs et avérés d'un avenir plein de carnage et de sang, si l'on suit la pente du règne funeste que la Commune a voulu établir, lui ont montré l'abîme et la planche du salut.

L'Europe entière a les yeux fixés sur notre patrie. La parole que l'on attend pèsera d'un poids immense dans les destinées de l'Europe, du monde; elle décidera le sort d'un peuple, et préparera une ère nouvelle.

Un spoliateur sacrilége tremble au fond de son palais. Ses vils émissaires cherchent à soudoyer la lie de la populace. Qu'ils sont à plaindre! Ont-ils oublié que la France peut bien s'égarer pour un temps, mais que ce fond de loyauté, de droiture et de franchise, que sa propre dignité et sa grandeur la ramèneront toujours sûrement vers le principe de son bien-être et de son bonheur,

2

la monarchie légitime? Ont-ils oublié que la fille aînée de l'Eglise compte au nombre de ses ennemis les oppresseurs de Rome?

Ah ! quelque grands que soient les malheurs qui nous accablent, quelque sombre que paraisse l'avenir, ayons foi en Dieu et dans notre patrie.

Tâchons de fléchir la colère divine; qu'elle suspende le cours de sa justice irritée et nous redonne cette paix délicieuse, cette prospérité dont nos pères ont joui. Réunissons tous nos efforts dans une prière sublime et constante; mais quand l'heure aura sonné, souvenons-nous que la parole est à la France!

III

L'ORACLE L'A NOMMÉ

Mais sur le tronc aride une branche élevée
Doit un jour réparer ses débris éclatants
Par mes mains et pour moi nourrie et conservée
    Jusqu'à la fin des temps.
Rejeton fortuné de cette tige illustre,
Un prince aimé des dieux *recouvrera ses droits,*
Et mes autels détruits reprendront tout le lustre
    Qu'ils eurent autrefois.
Je règnerai par lui sur des peuples rebelles ;
Il règnera par moi sur des peuples soumis,
Et j'anéantirai les complots infidèles
    De tous leurs ennemis.
(J.-B. ROUSSEAU, liv. IV, ode V.)

L'avenir cache ses secrets dans les sombres replis d'un voile que nul mortel ne saurait soulever de son propre pouvoir ; mais parfois la divinité fait descendre jusqu'à nous un rayon de cette lumière qui éclaire l'obscurité la plus profonde.

De tout temps l'homme a cru aux révélations, chaque culte a eu ses oracles. Les Barbares, comme les Grecs et les Romains, consultèrent leurs pythonisses, leurs Velléda et d'autres prophétesses, dont les accents inspirés exercèrent toujours un empire souverain sur leurs coreligionnaires. Aucun événement important n'est entrepris sans avoir imploré leurs lumières, et le guerrier, le roi, le simple artisan, tous cherchaient à deviner, par les phrases obscures et les paroles souvent inintelligibles, le sort qui les attendait.

Le paganisme croyait lire facilement le livre des secrets de la Providence ; tout lui servait pour interpréter la volonté des dieux : les fleurs des champs, le murmure d'une onde limpide, le vol des oiseaux, la foudre, les éclairs et les mugissements impétueux de l'ouragan. Ses prêtres fouillaient jusque dans les intestins des animaux frappés par le couteau du sacrificateur.

Le regard déjà terni par le souffle de la mort, les dernières convulsions des victimes, les mots inarticulés, échappés à leurs lèvres frémissantes dans l'angoisse d'une agonie douloureuse, servaient à marquer les heures à venir au sceau de la félicité ou de l'infortune.

Jamais les temples des sibylles ne furent déserts ; jour pour jour on consultait le druide dans sa forêt sombre ; aucun acte ne s'accomplissait sans que les interprètes de la divinité ne l'eussent jugé d'avance.

Etonné à juste titre de cette crédulité qui se laissa abuser par des imposteurs habiles, on s'écrie volontiers avec le poète :

> Pensez-vous qu'en effet, au gré de leur demande,
> Du vol de leurs oiseaux la vérité dépende ?
> Ou sous un fer sacré les taureaux gémissants
> Dévoilent l'avenir à leurs regards perçants ?
> Et que de leurs festins ces victimes sacrées
> Des humains dans leurs flancs portent les destinées (1).

Mais il n'en est pas moins vrai que le désir de la pre-science est en quelque sorte inné dans l'homme. Que de fois de secrets pressentiments sont-ils venus nous assaillir et nous troubler, précurseurs d'une catastrophe fatale ! On s'exposerait aux sarcasmes du ridicule si l'on accordait la moindre attention à ces pronostics, mais les peuples qui nous ont précédés trouvaient tout naturel que le cœur frémisse avant qu'il se sente atteint du coup qui le menace. Le Germain était convaincu qu'au soir les esprit de ses ancêtres venaient s'asseoir au foyer commun, et les mille figures fantastiques formées par les nuages fuyant à l'horizon retraçaient à son âme ardente et exaltée l'image d'un être chéri. Le barde écoutait le bruissement de sa harpe dont les sons mélodieux devenaient un oracle prophétique. Doué d'une perspica-

(1) Voltaire.

cité étonnante qui avait sa double source dans la con-
naissance des hommes et les forces de la nature, il réus-
sissait souvent de voir réaliser ses conjectures. En effet,
il suffit parfois d'un jugement calme et serein, d'une
réflexion profonde pour prédire les destinées d'une
famille, d'une nation, en se basant sur les événements
déjà accomplis. Les mêmes effets répondront aux mêmes
causes. Mais ces prévisions peu sûres ne peuvent dépas-
ser l'espace d'un demi-siècle, et quand nous voyons le
tableau des événements actuels tracé plus de mille ans
à l'avance, nous ne pouvons nier l'inspiration divine.

Le paganisme a eu de faux prophètes, nous avons des
oracles émanés de Dieu ! Chose étrange ! l'idolâtre croit,
et nous hésitons, traitant de vaines superstitions la foi
et l'adhésion à ses paroles saintes.

Hélas ! le païen de l'antiquité est plus religieux que
le chrétien de nos jours ! Pour lui il voyait partout et
en tout le doigt de ses dieux ; dans le malheur il cher-
chait à les apaiser par des sacrifices multipliés ; dans la
prospérité il encensait leurs autels. L'homme du dix-
neuvième siècle adhérant à un matérialisme révoltant,
met en doute l'existence d'un être suprême et substitue
un hasard aveugle à sa divine providence.

Les prophéties ne s'en vérifieront pas moins, que dis-
je, cet état honteux d'une impiété sacrilége est une
preuve de leur accomplissement. Feuilletons les pages

où sont inscrites les révélations. Elles s'accordent toutes à prédire : *une révolution sanglante, le règne néfaste de l'irréligion, la décadence des mœurs, la destruction de la Babylone moderne et l'avénement du roi des lys, qui extirpera la race des fils de Brutus, délivrevra l'Eglise et rendra à la France son ancienne prospérité.*

Ce serait trop long de les énumérer toutes ; essayons d'en noter quelques-unes. La plus ancienne est celle de saint Rémy, contemporain de Clovis. Il annonça à ce monarque le rôle de protectrice que la France prendrait vis à vis de l'Eglise, sa grandeur souveraine et sa prospérité toujours croissante aussi longtemps qu'elle serait fidèle à son Dieu.

Une tradition antique assure que notre patrie étendra sa domination sur tous les États d'occident, mais que le souverain qui tiendra alors les rênes du gouvernement sera le dernier de sa race.

Saint Césain, au cinquième siècle, détaille avec une précision minutieuse toutes les circonstances dès faits qui s'accomplissent sous nos yeux. Il dit clairement, le roi de Blois, reprendra le sceptre fleur de lys, quand Paris sera tombé dans une mer de feu et de sang, le grand monarque remettra la tiare sur la tête d'un grand pontife (1).

---

(1) Voir la relation de cette prophétie inédite jusqu'à ce jour dans ma brochure : *Pie IX et Henri V.*

D'autres prophéties font le portrait du sauveur de la France, elles disent : qu'il aura le front large, des sourcils bien arqués, des yeux grands et expressifs, un nez aquilin ; une démarche noble, des manières douces et affables, et qu'il montera en selle du pied gauche.

Le moine d'Orval annonce le triomphe du coq (Louis-Philippe), le règne de ce roi du peuple, etc., etc. Le retour *d'un prince exilé qui joindra le lion à la fleur blanche et le règne prudent et heureux du rejeton de la race capétienne, et la conversion de trois grands rois.*

Nostradamus va plus loin, il désigne le roi des lys par son nom retourné *Chiren* (Henric), le médecin prophète avait la manie de mettre les noms propres en anagramme. Une ancienne révélation gardée au monastère des religieuses de Saint-Joseph-de-Cluny, mais qui est perdue malheureusement affirmait que le sauveur de la France serait issu des gens d'Artois et se nommerait Henri. Lors de la naissance de Mgr le duc de Bordeaux, une de ces saintes filles alors fort âgée, s'écria : *C'est celui-là dont parlait notre oracle.*

Toutes les prophéties, et l'on en compte cent trente, s'accordant dans la prédiction des maux qui pèsent sur nous. Toutes démontrent plus ou moins clairement que le libérateur de la France sera le rejeton d'une branche illustre, un prince exilé qui fera régner partout la paix et la tranquilité. Elle résumera l'avenir de la France, en ces mots : après le châtiment d'une guerre désastreuse dans laquelle l'ennemi sera vainqueur, la discorde civile exercera ses ravages, Paris se détruira lui-même, et tombera dans le feu et le sang.

Les hommes ne croiront pas encore, la seconde et la troisième ville du royaume périront, tout semblera perdu et le triomphe des méchants manifeste. Dieu fera briller alors l'éclair de sa miséricorde, par un miracle étonnant il frappera un grand coup, trois cris se feront entendre : Vive la République! Vive Napoléon! Vive Henri V, le grand roi. Une bataille et un carnage épouvantable auront lieu, les fils des Bourbons succomberont, Napoléon sera tué, et un général d'origine étrangère acclamera avec le peuple le grand monarque (1). Celui-ci extirpera par sa fermeté jusqu'au dernier vestige de la rébellion. Il choisira pour sa capitale la ville des papes (2). Son armée victorieuse délivrera le prince de l'Eglise. Partout il fera refleurir la religion et le bonheur. Il sévira à l'exemple de saint Louis, contre les *gens impies et corrompus.*

Après vingt ans d'efforts la France aura recouvert sous son administration ferme et sage, son ancienne prospérité. Le roi des lys tournera alors son épée contre

(1) Mac-Mahon, chef de l'armée, est irlandais de naissance.
(2) Ce serait Avignon, mais une prophétie prétend qu'il résidera dans une ville ignorée du comtat.

les autres princes, il les assujettira et deviendra empereur de tout l'Occident. Avec ses soldats intrépides, il
franchira le Liban et livrera, entre Alep et Jérusalem,
une bataille aux Mahométans dont la secte cessera
d'exister.

Une ou deux prophéties prétendent que le *libérateur*
vivra jusqu'à l'âge de soixante-dix ans.

D'autres ajoutent, d'après saint Augustin, que le
grand monarque ira poser le sceptre et la couronne sur
la montagne des Oliviers, et que ce sera le signal des
derniers temps du monde.

Quoi qu'il en soit, il y a un accord surprenant tou-
chant la personne de celui que Dieu s'est choisi pour la
régénération de son peuple. Les oracles de l'Italie dési-
gnent aussi un roi des lys comme le sauveur de l'Église,
et les paroles énergiques et dignes que M. le comte de
Chambord a prononcées dans son dernier Manifeste sont
là à l'appui d'une espérance légitime.

Si nous entrons dans les plus petits détails, nous
voyons que tous s'appliquent et conviennent parfaite-
ment à Henri V. C'est lui que saint Césaire nomme le
roi de Blois : le château de Chambord, seule possession
française qui lui soit restée, est dans les environs de
cette ville.

Que conclure de tout ce qui précède? Quand la Providence parle si clairement par la bouche de ses oracles,

qu'aux paroles elle joint la coïncidence des faits, y a-t-il encore possibilité du doute ?

Oh ! non, le salut est proche, soyons-en convaincus. Il faudra un miracle, Dieu le fera ! Sa main déposera la couronne sur le front de Henri V.

D'ailleurs, la conservation de M. le comte de Chambord n'est-elle pas déjà à elle seule un prodige rassurant ? D'odieux assassins ont voulu lui dérober la vie dans le sein même de son auguste mère ? Un accident funeste sembla nous le ravir ; et dernièrement encore, de vils séides de la Commune formèrent le projet d'attenter à ses jours ; mais le Ciel veillait à sa sûreté, et il le forma, par une école rude et douloureuse, au rôle sublime qu'il doit jouer.

Victor Hugo fut prophète, lui aussi, quand il s'écria :

> Honneur au rejeton qui deviendra la tige !
> Henri, nouveau Joas, sauvé par un prodige,
> A l'ombre de l'autel croîtra vengeur du sort.
> Un jour de ses vertus notre France embellie,
>   A ses sœurs, comme Cornélie,
> Dira : Voilà mon fils ; c'est mon plus beau trésor !

Et Lamartine semblait inspiré de l'exclamation de saint Remi lorsqu'il écrivit :

> ..... Son glaive aux champs de victoire
> Nous rappellera la mémoire
> Des destins promis à Clovis.

IV

POURQUOI L'HEURE DE LA DÉLIVRANCE TARDE-T-ELLE A SONNER?

> Je l'entends : c'est en vain que nos vœux unanimes
> De l'Olympe irrité conjurent le courroux.
> Avant que sa justice ait expié nos crimes,
> Il ne l'est pas permis d'habiter parmi nous.
> Grands Dieux, si la rigueur de vos coups légitimes
> N'est point encore lassée après tant de malheurs;
> Si tant de sang versé par d'illustres victimes
> N'ont pas fait de nos yeux couler assez de pleurs;
> Inspirez-nous du moins ce repentir sincère,
> Cette douleur soumise et ces humbles regrets
> Dont l'hommage peut seul, en ces temps de colère,
> Fléchir l'austérité de vos justes décrets.
>
> (J.-B. ROUSSEAU, liv. IV, ode VIII.)

En parcourant la suite des oracles sacrés qui nous annoncent la fin de nos malheurs, l'âme se sent saisie à la fois de joie et de tristesse !

Après des épreuves si longues et si douloureuses, la paix et sa douce félicité se font désirer. Le nautonnier dont la barque, sur le point de périr par la fureur des tempêtes, aborde après mille difficultés dans le port, salue avec l'expression d'une vive reconnaissance l'enceinte qui va le mettre à l'abri du danger. Mais s'il est encore balloté par les vagues d'une mer perfide et n'aperçoit que de loin le phare du salut, une tristesse profonde s'empare de son cœur; il lève les yeux au ciel et lui demande le secours de sa force puissante pour lutter contre l'élément en furie.

Voilà notre situation. Un ouragan terrible s'est déchaîné sur la France; l'exaltation révolutionnaire est à son comble. De quels crimes Paris n'a-t-il pas été le témoin? L'hyène de la fureur populaire a eu soif; le sang a coulé, et le ciel compte des martyrs de plus!

Les prophéties les avaient prédits ces massacres affreux, ces incendies multipliés; cependant, jusqu'à la dernière heure, nous avons espéré dans la miséricorde divine.

Elle n'a pu faire grâce à cette ville maudite, qui a pris une si large part dans la corruption de notre siècle. Comme un foyer immense, elle alimentait en tout lieu l'impiété et la révolte. Le Seigneur l'avertit de sa destinée; le siége des Prussiens était l'avant-coureur du châtiment qu'il méditait contre la Babylone moderne. Hélas!

elle n'a pas compris cet avertissement céleste. Devons-nous être étonnés de ce que l'esprit du mal y a exercé ses ravages terrifiants?

La rougeur de la honte sur le front, ne sommes-nous pas forcés de reconnaître la vérité des paroles de M. de Bismark, *qui comptait sur la population de Paris pour faire crouler cette fière capitale?*

Hélas! elle est tombée, comme l'ont prédit les inspirés de Dieu, dans le feu et le sang!

La flamme allumée par des êtres abjects, suppôts de l'enfer, a converti ses plus beaux monuments en cendres, et ajoutait tous les jours de nouvelles ruines à celles de la veille.

On pourra relever ces édifices; mais pourra-t-on effacer de la mémoire des hommes les souvenirs de honte et d'ignominie que la Commune y a laissés? Saurait-on oublier les sacriléges, les massacres, les forfaits de toute espèce? Jamais! Paris a cessé d'exister; cette ville est tombée si bas, que nul pouvoir humain ne la relèvera de l'abîme où elle s'est jetée. La cité du crime ne peut redevenir la capitale de la France.

Désormais les annales de notre histoire relateront deux époques maudites, stigmatisées du nom *la Terreur* (1).

(1) Voir ma brochure *Souvenirs du régime communard à Paris,* en vente chez M. Lebon, à Marseille.

Quatre-vingt-treize trouve un pendant dans l'année soixante-onze.

Qu'y a-t-il de plus cruel que ce long martyre infligé aux otages?

Pourra-t-on redire toutes les souffrances qu'ils ont eu à subir depuis le moment de leur incarcération? Les bourreaux étaient experts dans l'art de torturer leurs victimes, et Mgr l'archevêque de Paris se vit l'objet des plus sanglants outrages. Avant de tomber sous les balles meurtrières, il eut tellement à endurer la faim, que lors de sa réunion aux autres captifs dans la prison de la Roquette, il avouait au compagnon de ses douleurs : *Je me meurs d'inanition.*

Pourtant ces héros chrétiens ne faiblirent point devant le spectre de la mort. Ils se savaient condamnés, et cherchèrent dans les pensées de la foi un secours efficace pour surmonter la faiblesse de la nature. Le R. P. Ducoudray avait apporté des hosties consacrées dans un pot de crème à double fond. Chacun des prêtres et religieux reçut une portion des saintes espèces et les suspendit à son cou dans un petit sachet de toile. On n'était résolu de se communier qu'à l'heure du trépas. Elle devait sonner bientôt. Mercredi 24 mai eut lieu la première exécution. Le second nom de la liste fatale était celui de Mgr Darboy. Il se lève et traverse lentement le groupe de ses amis, les bénissant une dernière fois avec la majesté d'un apôtre qui va mourir pour son Dieu et sa patrie.

Les fédérés en voyant devant eux ce prélat vénérable, hésitèrent un instant. Deux des leurs se jettent aux pieds de l'illustre pontife et lui demandent pardon, les autres continuent de vomir contre lui les injures les plus infâmes. Ces tigres à figure humaine ne savent rien respecter. Les païens couronnaient leurs victimes de fleurs, des Chrétiens insultent le martyr jusque dans la tombe!!!

Trois décharges successives retentissent, Monseigneur tombe en formant sur ses bourreaux, le signe auguste de la Croix, leur condamnation et sa récompense.

Avec lui moururent M. Bonjean, l'abbé Deguerry, curé de la Madeleine; le P. Ducoudray, supérieur de l'école de Sainte-Genviève; le P. Clerc, jésuite; l'abbé Allard, aumônier des ambulances. Ce dernier découvrant sa poitrine dit aux émeutiers d'une voix forte et accentuée : « *Vous avez soif de sang, buvez le mien !* »

Le lendemain, les Pères Dominicains d'Arcueil virent arriver leur tour. Le 19 mai avait eu lieu leur arrestation, et les pauvres religieux et leurs compagnons d'infortune, des professeurs de l'école Albert le Grand, restèrent incarcérés au fort de Bicêtre. On les avait dépouillés de tout, même de leur bréviaire. Jeudi, le 25, ils furent traînés à la mairie des Gobelins, puis aux barricades où les obus pleuvaient en masse. Enfin, on les remit au 101ᵉ, commandé par Cérisier. A deux heures du même jour on les renvoie de nouveau sur le théâtre de la lutte. A quatre heures et demie, on leur dit : « *Vous êtes libres, sortez dans la rue un à un.* »

Le R. P. François-Eugène Captier, supérieur de la communauté s'avança le premier, une balle vint le frapper aux genoux. *Souffrons pour le bon Dieu!* s'exclama-t-il sans haine. Les professeurs et les domestiques de l'établissement furent égorgés avec les moines. Les *vengeurs* frappèrent encore avec la bayonnette et la crosse du fusil les cadavres des malheureux, aux cris de : Vive la Commune (1)!

Soixante-quatre otages ont été ainsi massacrés soit dans les prisons, soit sur les barricades, comme Monseigneur Surat. Cent soixante-neuf autres auxquels on réservait le même sort furent délivrés, grâce à notre vaillante armée.

Qui le comprendra? le sang de ces victimes était encore empreint sur le sol qui l'avait bu, le canon envoyait ses dernières salves, que les Parisiens reprennaient leur air insouciant. En un clin d'œil les promenades se peuplaient, les cafés se remplissaient; il fallait une défense du général en chef pour empêcher certaines représentations théâtrales. Depuis huit mois cette ville a souffert et des

____

(1) *Chronique religieuse* de Toulouse, du 9 juin, p. 450.

Prussiens et des fédérés ; mais en quittant *les guenilles préservatrices,* comme l'écrivit un des habitants, *elle a jeté bas tout chagrin et souci.* Poursuivez du regard ces groupes nombreux : combien d'individus y compte-t-on qui n'ont pas à déplorer la perte d'un parent ou d'un ami? Les insensés se livrent au plaisir pendant que trente mille concitoyens attendent le verdict d'un conseil de guerre ; ils rient et s'amusent tandis que la France entière se sent atteinte au cœur par ses désastres.

On a l'âme navrée par ce contraste incompréhensible, cette opposition révoltante de ruines ensanglantées et de figures épanouies et joyeuses.

Paris en cendres apprend à connaître ses enfants...

Et l'on s'étonnerait encore en lisant ces paroles : *La Babylone desparaîtra de la surface de la terre, les bêtes elles-mêmes n'en approcheront plus, un monument religieux élevé sur ses ruines apprendra aux générations futures qu'elle exista.*

Le Christ pleura sur Jérusalem ; tout Français pourrait faire de même sur cette cité superbe dont l'immoralité, l'impiété et le froid égoïsme ont attiré sur elle la malédiction divine.

Sa grandeur morale est détruite ; que deviendront les édifices qu'elle a conservés jusqu'à ce jour?

N'anticipons pas sur son avenir sombre et cruel. Puissent nos prières détourner le châtiment de son enceinte coupable! Mais quand même le ciel, dans sa bonté immense, lui épargnerait une destruction complète, elle ne saura reconquérir sa supériorité à jamais anéantie; son nom est entaché de tant de souvenirs horribles et infâmes qu'on osera à peine le prononcer.

L'hydre de la Révolution rugit partout : Lyon et Marseille ont pris de tristes initiatives, bon nombre de citoyens sont compromis dans les démêlés sanglants auxquels ils ont participé; partout on trouve des partisans secrets de la Commune.

Hélas! si ceux qui forment le bon parti de la France savaient forcer le ciel, s'ils offraient à la justice divine des regrets et des larmes expiatoires, peut-être les prophéties n'auraient-elles pas leur terrible accomplissement. Mais combien d'âmes sincèrement pieuses y a-t-il dans ces cités, dans toute la France? Le chiffre en est bien restreint, il est incapable de contrebalancer la somme des crimes et des forfaits.

Et pourtant si Dieu n'est pas apaisé, la première, la seconde et la troisième ville de notre royaume seront entièrement détruites.

Les méchants périront tous ; mais le bras du Seigneur saura atteindre de même ces catholiques qui ne savent de la religion que la théorie, et dont les actes, tout en restant en parfaite harmonie avec le point d'honneur de notre époque, crient vengeance contre eux.

L'impiété a engendré la Révolution; le souffle d'en haut brisera les adhérents de l'une et de l'autre. La France ne redeviendra heureuse qu'en redevenant ce qu'elle était autrefois : une nation sincèrement chrétienne.

V

LA FRANCE ET ROME L'ATTENDENT

Veni et noli tardare.

La France un moment abattue mais non subjugée se relèvera bientôt de ses désastres ; parce que Dieu a voulu l'éprouver, il ne l'a pas abandonnée, il la protége encore... O France catholique et chrétienne, tu prendras encore l'épée de Clovis et de saint Louis ; Rome t'attend (1).

Ces paroles n'ont besoin d'aucun commentaire. Tombées des lèvres d'un de nos prélats les plus érudits et les plus éloquents, elles sont l'expression fidèle d'une croyance universellement répandue.

(1) Mgr Dubreuil, archevêque d'Avignon, à la cérémonie funèbre du 13 juin 1871, voir la *Gazette du Midi,* jeudi 15 juin.

Oui, Rome attend son salut de la France et le Saint-Père a désigné comme l'aurore du jour de la délivrance celui où l'Assemblée nationale demanda des prières publiques. Or, il n'y a pas un long intervalle entre l'apparition du soleil et les teintes blanchâtres de l'aube matinale.

Le règne sacrilége d'un spoliateur infâme va cesser dans la ville éternelle, le Romain se ralliera de nouveau au Siége des apôtres.

Les vainqueurs pressentent déjà le nouvel ordre de choses, et la conviction du peu de durée de leur régime les fait marcher à pas précipités dans le chemin du crime. Ils ont hâte de terminer leurs plans, malheur au monde s'ils avaient les loisirs de les exécuter.

Quel est l'homme d'honneur qui n'est pas indigné en entendant parler le prince Humbert, *du vieux renard qu'il faudra peut-être enfumer pour le faire sortir de son terrier?* De tels discours autorisent pleinement les cris de mort, qu'une bande de forcenés se plaît à pousser sous les fenêtres mêmes du Vatican. L'écho redit au Quirinal : « A mort Pie IX ! Vive la liberté ! » Et le bruit du tumulte lointain va se confondre avec le brouhaha des fêtes et l'ivresse d'un moment. Au milieu des vapeurs de l'orgie, à travers les nuages qui voilent à demi la lueur vacillante des pâles flambeaux, l'orgueil impie voit déjà le dernier pontife de l'Eglise prêt à disparaître de la scène du monde ! Mais, tandis que sous le cliquetis des verres, des toasts blasphématoires préconisent l'heure tant désirée où l'agonie de la papauté finira dans un faible râle, un vieillard prie aux pieds du Christ. Soudain un sourire d'espérance vient rayonner à travers ses larmes, son regard devance le temps ; il voit l'héritier de saint Louis, brandir en sa faveur l'antique épée de Charlemagne, et sa main paternelle bénit la lame aiguë qui doit trancher ses liens.

Courage, espoir, semble-t-il crier aux fidèles, nos malheurs sont sur le point de finir ; après tant et de si cruelles tempêtes la barque de Pierre rentrera dans le port de la paix.

Les hordes barbares qui nous retiennent capifs seront dissipées par une légion sainte envoyée du ciel comme des anges libérateurs. Elle vengera nos pleurs et le sang de mes sujets ; elle relèvera la tiare sur ma tête blanchie et fera respecter mes droits.

A qui sera donné ce rôle grand et sublime. Sera-ce au nouvel empereur qui a promené le glaive et la flamme sur notre territoire ? L'Attila moderne se souviendra-t-il d'une parole donnée à son royal collègue Sa Majesté Louis de Bavière ? Ecoutera-t-il les supplications des allemands qui ont signé de nombreuses adresses pour le décider de marcher au secours du Pape ?

Que dis-je ! Le chef d'une secte redonnerait la liberté au chef des fidèles ?

Oh non ! cela ne se peut, les adhérents du moine schismatique ne sauraient avoir ce privilége.

Il faut pour cette œuvre une épée vierge de toute erreur, une épée que n'a pas souillée un sang inutilement versé par une ambition coupable.

Où la prendrons-nous ?

Celle de Guillaume est entachée de cruauté et de barbarie, il l'a tirée pour accabler un peuple déjà malheureux et s'en est servi pour écrire un traité inhumain ; comme Brennus il l'a jetée dans la balance et tout une nation gémit et pleure, car, imitant le Gaulois, le Germain a dit : *Malheur au vaincu !*

Le Seigneur se sert d'une verge pour châtier des cœurs rebelles, mais ensuite il brise l'instrument de sa colère. Les Prussiens sont le fléau de Dieu, il ne peuvent devenir les libérateurs de son Eglise.

Disons-le donc avec un juste orgueil : dans toute l'Europe il n'y a qu'un seul héros qui puisse tirer le glaive contre les ennemis de Rome. Il le peut parce que sa main est sainte et pure, soutenue par le droit et la justice, et cette main appartient à la France : c'est celle de notre Roi, celle d'Henri V.

Sous sa blanche bannière, nos fils redeviendront invincibles, et les fleurs de lys reluiront de l'éclat que tant de siècles leur ont prêté.

Lui seul peut attaquer l'usurpateur du domaine pontifical, car il est souverain légitime; il ne tient pas sa couronne d'une révolution politique, mais de Dieu qui a donné notre patrie à ses pères.

Lui seul peut s'ériger en protecteur de la religion, car il a toujours su se maintenir dans ses croyances sublimes; sa vie est sans reproche, comme son âme sans ombre et son nom sans tache.

Roi par sa naissance, par son cœur et ses sentiments, il est doublement sacré à nos yeux : par sa longue infortune et le courage avec lequel il l'a supportée. Voulez-vous apprendre à connaître ses intentions et savoir quelle règle de conduite il tiendra sur le trône, lisez son dernier Manifeste :

« J'assiste, l'âme navrée, aux cruelles péripéties de cette abominable guerre civile qui a suivi de si près les désastres de l'invasion.

« Je n'ai pas besoin de vous dire combien je m'associe aux tristes réflexions qu'elle vous inspire et combien je comprends vos angoisses.

« Lorsque la première bombe étrangère éclata sur Paris, je ne me suis souvenu que des grandeurs de la ville où je suis né. J'ai jeté au monde un cri de douleur

qui a été entendu. Je ne pouvais rien de plus, et, aujour-
d'hui comme alors, je suis réduit à gémir sur les hor-
reurs de cette guerre fratricide.

« Mais ayez confiance ; les difficultés de cette douloureuse entreprise ne sont pas au-dessus de l'héroïsme de
notre armée.

« Vous vivez, me dites-vous, au milieu d'hommes de
tous les partis, préoccupés de savoir ce que je veux, ce
que je désire, ce que j'espère.

« Faites-leur bien connaître mes pensées les plus inti-
mes et tous les sentiments dont je suis animé.

« Dites-leur que je ne les ai jamais trompés, que je
ne les tromperai jamais, et que je leur demande, au nom
de nos intérêts les plus chers et les plus sacrés, au nom
de la civilisation, au nom du monde entier, témoin de
nos malheurs, d'oublier nos dissensions, nos préjugés et
nos rancunes.

« Prémunissez-les contre les calomnies répandues dans
l'intention de faire croire que, découragé par l'excès de
nos infortunes, et désespérant de l'avenir de mon pays,
j'ai renoncé au bonheur de le sauver.

« Il sera sauvé le jour où il cessera de confondre la
licence avec la liberté ; il le sera surtout, quand il n'at-
tendra plus son salut de ces gouvernements d'aventure
qui, après quelques années de fausse sécurité, le jettent
dans d'effroyables abimes.

« Au-dessus des agitations de la politique, il y a une France qui souffre, une France qui ne veut pas périr, et qui ne périra pas ; car lorsque Dieu soumet une nation à de pareilles épreuves, c'est qu'il a encore sur elle de grands desseins.

« Sachons reconnaître enfin que l'abandon des principes est la vraie cause de nos désastres.

« Une nation chrétienne ne peut pas impunément déchirer les pages séculaires de son histoire, rompre la chaîne de ses traditions, inscrire en tête de sa constitution la négation des drois de Dieu, bannir toute pensée religieuse de ses codes et de son enseignement public.

« Dans ces conditions, elle ne fera jamais qu'une halte dans le désordre ; elle oscillera perpétuellement entre le césarisme et l'anarchie, ces deux formes également honteuses des décadences païennes, et n'échappera pas au sort des peuples infidèles à leur mission.

« Le pays l'a bien compris, quand il a choisi pour mandataire des hommes éclairés, comme vous, sur les besoins de leur temps, mais non moins pénétrés des principes nécessaires à toute société qui veut vivre dans l'honneur et dans la liberté.

« C'est pourquoi, mon cher ami, malgré ce qui reste de préjugés, tout le bon sens de la France aspire à la monarchie. Les lueurs de l'incendie lui font apercevoir son chemin ; elle sent qu'il lui faut l'ordre, la justice, l'honnêteté, et qu'en dehors de la monarchie traditionnelle, elle ne peut rien espérer de tout cela.

« Combattez avec énergie les erreurs et les préventions, qui trouvent un accès trop facile jusque dans les âmes les plus généreuses.

« On dit que je prétends me faire décerner un pouvoir sans limite. Plût à Dieu qu'on n'eût pas accordé si légèrement ce pouvoir à ceux qui, dans les jours d'orage, se sont présentés sous le nom de sauveurs : nous n'aurions pas la douleur de gémir aujourd'hui sur les maux de la patrie !

« Ce que je demande, vous le savez, c'est de travailler à la régénération du pays ; c'est de donner l'essor à toutes ses aspirations légitimes ; c'est, à la tête de toute la Maison de France, de présider à ses destinées, en soumettant avec confiance les actes du gouvernement au sérieux contrôle des représentants librement élus.

« On dit que la monarchie traditionnelle est incompatible avec l'égalité de tous devant la loi.

« Répétez bien que je n'ignore pas à ce point les leçons de l'histoire et les conditions de la vie des peuples. Comment tolérerais-je des priviléges pour d'autres, moi qui ne demande que celui de consacrer tous les instants de ma vie à la sécurité et au bonheur de la France, et d'être toujours à la peine, avant d'être avec elle à l'honneur?

« *On dit que l'indépendance de la papauté m'est chère*
« *et que je suis résolu à lui obtenir d'efficaces garanties.*
« *On dit vrai.*

« *La liberté de l'Eglise est la première condition de la*
« *paix des esprits et de l'ordre dans le monde. Protéger*
« *le Saint-Siége fut toujours l'honneur de notre patrie et*
« *la cause la plus incontestable de sa grandeur parmi les*
« *nations. Ce n'est qu'aux époques de ses plus grands*
« *malheurs que la France a abandonné ce glorieux patro-*
« *nage.* »

Il y a longtemps que le monde n'a plus entendu un langage aussi sincère, aussi énergique.

Et ce ne sont pas là de belles paroles, non; une action prompte et sûre nous montrera que le petit-fils d'Henri IV ne sait pas transiger avec les devoirs que Dieu lui impose. Il sera fidèle au rôle que la divine Providence lui a confié.

« Croyez-le bien, je serai appelé, non-seulement parce je suis le droit, mais parce que je suis l'ordre, parce que je suis la réforme, parce que je suis le fondé de pouvoirs nécessaire pour remettre en sa place ce qui n'y est pas et gouverner avec la justice et les lois, dans le but de réparer les maux du passé et de préparer enfin un avenir.

« On se dira que j'ai la vieille épée de la France dans la main, et dans la poitrine ce cœur de roi et de père qui n'a point de parti. Je ne suis point un parti et je ne veux pas régner par un parti. Je n'ai ni injure à venger, ni ennemis à écarter, ni fortune à refaire, sauf celle de la France ; et je puis choisir partout les ouvriers qui voudront loyalement s'associer à ce grand ouvrage.

« Je ne ramène que la religion, la concorde et le paix, et je ne veux exercer de dictature que celle de la clémence ; parce que dans mes mains, et dans mes mains seulement, la clémence est encore la justice. »

Quand on vient de lire ces lignes le cœur est ému, l'esprit enflammé, l'horizon d'un avenir heureux et prospère s'ouvre à nos regards et l'on s'exclame avec une ardeur plus grande encore :

Veni et noli tardare.

Oui, viens, noble exilé, rejeton illustre de nos grands rois. Viens, la France t'attend et te désire. Viens nous redonner la paix et le bonheur. Viens faire régner avec le sceptre des lys la religion et la vertu. Viens défendre l'Eglise et étendre partout les bienfaits de ta justice, de ta clémence. Viens inaugurer pour le monde entier une ère nouvelle. Viens montrer à l'univers ce que peut un roi choisi par le Seigneur. Viens accomplir les oracles et nos vœux.

Oh ! viens ! oh ! viens !! oh ! viens !!!

FIN.

Toulouse, impr. Rives et Privat, rue Tripière, 9.